KB214716

세상 사랑을 몰아내는 새 애정의 힘

개혁된실천사
기독교 고전 소책자

The Expulsive Power of a New Affection
Crossway Short Classics Series
Copyright © 2020 by Crossway
Published by Crossway
a publishing ministry of Good News Publishers
Wheaton, Illinois 60187, U.S.A.

This edition published by arrangement
with Crossway through rMaeng2, Seoul, Republic of Korea.
All rights reserved.

This Korean Edition Copyright © 2023 by Reformed Practice Books,
Seoul, Republic of Korea.

세상 사랑을 몰아내는 새 애정의 힘

지은이   토머스 찰머스
옮긴이   조계광
초판 발행 2023. 6. 2.
등록번호 제2018-000357호
등록된 곳 서울특별시 강남구 선릉로107길 15, 202호
발행처   개혁된실천사
전화번호 02)6052-9696
이메일   mail@dailylearning.co.kr
웹사이트 www.dailylearning.co.kr

책값은 뒤표지에 있습니다.
ISBN 979-11-89697-45-7 03230

기독교 고전 소책자 02

세상 사랑을 몰아내는
새 애정의 힘

The Expulsive Power of a New Affection

토머스 찰머스 지음 | 조계광 옮김

존 파이퍼 서문

개혁된실천사

목차

토머스 찰머스(1780-1847)는 누구인가? 찰머스는
스코틀랜드 킬매니에서 이미 목사로 일하는 도중
에 회심했고, 나중에는 세인트앤드루스대학의 도
덕철학 교수를 거쳐 에든버러대학의 신학 교수로
활동했다.

지질학자 휴 밀러가 "찰머스는 한 시대에 속했
다기보다는 한 시대를 창조한 인물로 평가될 수 있
다."[1]라고 말할 정도로 그가 교회와 정치에 미친
영향은 그야말로 막대했다. 19세기 영국의 가장 유
명한 정치인이었던 윌리엄 글래드스턴은 그를 "단

순한 혈과 육의 영역을 크게 뛰어넘은 사람"[2]으로 일컬었다. 어떤 보고에 따르면, 찰머스가 사망했을 당시 에든버러 인구의 절반이 그의 장례식에 참석했다고 한다(764쪽).

찰머스는 세인트앤드루스대학교에서 교수로 재직하는 동안 세계 선교에 대한 뜨거운 열정을 드러내 주위에 많은 자극을 주었고, 그로 인해 그의 가장 훌륭한 학생 가운데 여섯 명이 선교사로 헌신하는 결과를 낳았다. 그들이 선교사로 일한 햇수를 모두 합치면 141년이나 된다.[3]

---

1. Cited in Stuart C. Weir and John C. McDowell, *The Good Work of Non-Christians, Empowerment, and the New Creation: The Efficacy of the Holy Spirit's Empowering for Ordinary Work* (Eugene, OR: Pickwick, 2016), xxix.
2. Mark Noll, "Thomas Chalmers (1780–1847) in North America (ca. 1830–1917)," in Church History 66, no. 4 (December 1997): 763. Emphasis added. All the page numbers in parentheses are from this article.

찰머스는 지질학, 천문학, 기독교 변증학, 빈민 구제, 경제학, 정통 칼빈주의에 영향을 미쳤을 뿐 아니라 교회의 지도자로서 스코틀랜드 자유 교회 설립에 크게 기여했다. 특히 그 모든 활동이 큰 효과를 발휘했던 이유는 그의 뛰어난 언어 능력 때문이었다. 체인은 그의 웅변력이 "마법에 가까웠다"라고 말했고, 윌리엄 윌버포스는 1817년에 쓴 일기에 "온 세상이 찰머스 박사에게 열광했다"라고 적었다(762쪽). 그렇다면 그 이유는 무엇이었을까? 제임스 알렉산더가 스코틀랜드에서 돌아오는 길에 존 메이슨에게 찰머스가 그렇게 큰 감화력을 지닌 이유가 무엇이냐고 묻자, 그는 "피가 끓는 듯한 열정 때문이지요."라고 대답했다.[4]

---

3. Stuart Piggin and John Foxborogh, *The St. Andrews Seven* (Edinburgh: Banner of Truth, 1985, 111.

찰머스의 가장 유명한 설교인 '세상 사랑을 몰아내는 유일한 방법'을 읽을 때는 그런 피 끓는 열정을 느끼려고 노력해야 한다. 다시 말해, 그를 감정적으로 억눌려 있는 사람으로 생각해서는 안 된다. 그는 매우 진지했다. 그것은 기쁨이 넘치는 진지함이었다.

전에 알쏭달쏭한 질문을 하나 받은 기억이 난다. 그것은 "정교한 실험실에서 온갖 최신식 기기를 활용할 수 있다면, 무엇으로 유리 비커 안에 있는 공기를 빼내는 것이 가장 효과적이겠는가?"라는 질문이었다. 대개는 공기를 억지로 빼내는 방법들을 생각해 내느라 바쁠 것이다. 그러나 정답은 비커에 물을 채워 넣는 것이다.

---

4. James W. Alexander, *Thoughts on Preaching* (Edinburgh: Banner of Truth, 1975), 264.

이것이 이 설교의 요점이다. 이 설교의 초점은 요한일서 2장 15절 말씀("이 세상이나 세상에 있는 것들을 사랑하지 말라 누구든지 세상을 사랑하면 아버지의 사랑이 그 안에 있지 아니하니")을 조명하는 데 있다.

찰머스는 자신에게 "인간의 마음이 세상에 대한 사랑으로부터 어떻게 자유로울 수 있는가(비커의 공기를 어떻게 제거할 수 있는가)?"라는 질문을 제기했다. 이 '사랑'은 의무적으로 행하는 것이 아니다. 그것은 기쁨으로 선호하는 무언가이다. 그것은 헌신이기 이전에 애정(affection)이다.

그는 마음을 지배하는 세상 사랑을 제거하는 방법에는 두 가지가 있다고 생각했다. 하나는 세상이 우리의 애정(affection)을 받을 가치가 없을 뿐 아니라 결국에는 우리를 실망시킬 것이라는 점을 보여 주는 것이고(이런 논증은 펌프를 이용해 비커 안의 공기를 뽑아내는 방식과 같다), 다른 하나는 하나님의 사랑스러우심을 보여줌으로써 세상에 대한 애정을 대체할 새롭고 더 강한 애정을 일으키는 것이다(이것은 물을 비커 안에 주입해 공기를 대체하는 방식과 같다). 이것이 이 설교에 '세상 사랑을 몰아내는 유일한 방법'이라는 제목이 붙은 이유다.

찰머스는 자신의 목적을 이렇게 밝혔다.

나의 목적은 우리의 타고난 본성 때문에 앞의 방법은 무력하고 아무런 효과가 없으며, 오직 뒤의 방법만이 마음을 지배하는 그릇된 사랑으로부터 마음을 구해낼 수 있다는 것을 보여주는 것이다.

"우리의 타고난 본성 때문에"라는 말을 간과하지 말라. 그는 성경 본문에 대한 해석이 아닌 "우리의 타고난 본성"을 근거로 그의 주장을 전개할 생각이었다. 이것이 내가 위에서 이 설교(또는 강연일

수도 있다. 이 설교가 전달된 역사적 상황은 정확히 알 수 없다)
의 초점이 요한일서 2장 15절을 강해하는 것이 아
니라 조명하는 데 있다고 말한 이유다.

물론, 찰머스는 성경을 강해할 수 있었다. 그러
나 그는 설교자인 동시에 과학자요 철학자였다.
당시에 그를 유명하게 만들어준 그의 변증학적 공
헌은 성경적인 도덕성이 단지 종교적인 권위만이
아니라 세상의 심원한 현실적 이치에 근거하고 있
다는 것을 보여준 것이었다. 이것이 그가 "우리의
타고난 본성"을 근거로 논증을 펼치겠다고 말한
의도였다. 바꾸어 말해, 그는 평범한 신자들이 실
제로 경험하는 마음의 작용 방식을 논의할 생각이
었다.

독자들이 영혼의 본성에서부터 시작해서 요한
일서 2장 15절이 언급하는 성경적 현실을 논증하
는 과정을 살펴보면서 느끼는 즐거움을 빼앗을 생

각은 조금도 없지만, 나는 여기에서 그의 설교를 읽을 때 염두에 두어야 할 것을 제시하고 싶다. 우리의 "타고난 본성"에 관한 그의 핵심적인 통찰력 가운데 하나는 본성이 공백 상태를 싫어한다는 것이다. 이것이 펌프가 아닌 물로 비커의 공기를 더 쉽게 제거할 수 있는 이유다. 빈 비커는 저항한다. 즉 그것은 비어 있기를 싫어하고, 채워지기를 원한다.

이런 이유로 찰머스는 인간의 본성에 관해 이렇게 말했다.

인간의 본성은 붙잡으려는 경향이 있기 때문에 무엇인가 잡을 것이 있어야 한다. 마음이 붙잡고 있는 것을 다른 것으로 대체하지 않고 제거해 버리기만 하면 빈 공백이 남아 마음은 고통을 느끼고, 본성은 허기를 느끼게 된다.

이것이 찰머스가 더 좋은 즐거움을 제공하지 않고, 단순히 두려움이라는 펌프로 인간의 악한 즐거움을 제거하려는 노력을 무익하게 여겼던 이유다. 어떤 사람들은 인간이 의지력을 발동해 세상을 사랑하는 성향을 제어할 능력이 있다고 생각하는지 모른다. 그러나 찰머스는 "그런 습관을 제거하면 그 뒤에 아무런 기쁨이 없는 부정적인 공백 상태가 남을 수밖에 없다."라고 말했다. 그는 "우리의 타고난 본성"이 그러하다고 주장했다.

영혼의 본성과 거듭나게 하는 은혜의 본질을 깊이 파헤치는 찰머스의 논증은 이보다 훨씬 더 많은 통찰력을 제공한다. 그러나 여기에서 내가 더 이상 말을 계속하면, 독자들 나름의 탐구를 망칠 것이 틀림없다. 누구든 찰머스의 설교를 다 읽고 나면, 그가 요한일서 2장 15절을 근거로 인간 마음의 작용 방식을 매우 상세하게 설명하고 있다는 것을 알

게 될 것이다. 그 성경 구절에 대한 그의 조명은 사
실 그 말씀의 의미를 강력하게 드러낸 강해가 아닐
수 없다.

존 파이퍼, desiringGod.org의 설립자이자 강사,

베들레헴신학대학교 총장

존 파이퍼는 언젠가 책이 아니라 단락이 사람을 변화시킨다고 썼다. 가장 위대하고 가장 강력한 기독교 메시지 중 일부는 가장 간결하고 가장 손쉽게 접근할 수 있는 형태를 띤다. 고백적 기독교의 큰 물줄기 안에는 시간을 초월하는 가치를 갖는 수많은 설교, 에세이, 강의, 그리고 짧은 글들이 포함되어 있는데, 이러한 것들은 시간상으로는 교회사 전체에 걸쳐, 그리고 지역적으로는 전 세계에 걸쳐 수많은 신자들에게 도전과 영감을 주고, 삶의 열매를 맺게 했다.

이 시리즈는 두 가지 목적에 기여하고자 한다. 첫째, 이들 짧은 역사적 글들을 고품질의 종이책으로 보존하고자 한다. 둘째, 이들 작품들을 새로운 세대의 독자들에게 전달하고자 한다. 우리는 특히 두꺼운 책에 별로 흥미도 없고 읽지도 않을 독자들을 염두에 두고 있다. 오늘날 끊임없이 움직이는 세상 속에서 무언가에 집중하는 것은 점점 더 어려워지고 있다. 이런 상황 속에서 쇼트폼 콘텐츠는 특별한 가치를 지닌다. 이 시리즈의 간결한 책들은 복음 중심적인 은혜와 진리를 기민하게 제공한다. 이 시리즈는 독자들에게 영혼의 양식이 되며, 공부 의욕을 불러일으키는 대표적인 저작들을 접근가능한 형태로 제공함으로써, 위대한 신앙의 영웅들을 소개해주길 희망한다.

성령께서 이 짧은 작품들을 사용하여 여러분의

주의를 사로잡아 여러분의 영혼에 복음을 알려 주시고, 여러분이 교회사의 보물 상자를 계속해서 탐구하게 되길 기도한다. 이를 통해 그리스도 안에서 하나님이 영광과 찬송을 받으시길 기원한다.

토머스 찰머스(1780-1847)는 스코틀랜드 파이프에
서 태어났다. 그는 일찍부터 사역자로 부르심을 받
기를 소원했고, 스무 살이 되기 전에 장로교 목사
로 임직되었다. 찰머스는 뛰어난 지적 능력과 웅변
적인 재능 때문에 즉시 그의 고향 교구에서 능력
있는 설교자로 두각을 드러냈다.

　　그러나 찰머스가 복음을 믿는 개인적 신앙과 삶
의 전적인 변화의 필요성을 절감하게 된 것은 영국
의 복음주의자이자 노예제 폐지론자였던 윌리엄
윌버포스의 책을 읽고 나서였다. 그가 이미 목사로

일하던 도중에 이렇게 그의 신학과 설교와 삶에 획기적인 변화가 일어났다.

1843년, 찰머스를 비롯해 스코틀랜드 교회에 속한 수백 명의 목회자가 교회론의 문제를 둘러싸고 국교회에서 이탈해 스코틀랜드 자유 교회를 설립했다. 찰머스는 초대 의장으로 선출되었고, 그 직임을 죽을 때까지 수행했다.

찰머스는 탁월한 학자였다. 그는 세인트앤드루스대학교에서 도덕철학 학과장으로 5년 동안 일했고, 나중에는 '스코틀랜드 왕립협회'의 회원으로 위촉되었다. 그의 글과 설교에는 그리스도인들이 삶의 모든 영역에서 그리스도의 변화시키는 능력을 경험하기를 절실히 염원하는 마음이 담겨 있었다. 그는 당시에 많은 사람에게 영향을 미쳤던 현대주의 신학, 곧 형식적이고 비초월적인 신학을 단호히 배격했다. 또한 그는 빈민들의 옹호자로서 빈

곤 퇴치를 위해 정치에 적극적으로 개입했다.

　동시대인이었던 윌버포스나 존 뉴턴과 닮은 점
이 많았던 찰머스는 기독교적인 삶을 통전적 관점
에서 바라보았으며, 삶을 변화시키는 복음의 가르
침을 즐거운 마음으로 희생적으로 실천해 나가라
고 신자들을 독려했다.

세상 사랑을 몰아내는
유일한 방법

"이 세상이나 세상에 있는 것들을 사랑하지 말라
누구든지 세상을 사랑하면
아버지의 사랑이 그 안에 있지 아니하니"(요일 2:15).

I.

실천적인 도덕가가 인간의 마음속에서 세상을 사랑하는 성향을 제거하기 위해 시도할 수 있는 방법은 두 가지다. 하나는 세상의 허무함을 보여줌으로써 가치 없는 대상으로부터 마음이 멀어지게 하는 것이고, 다른 하나는 하나님을 비롯해 애착을 기울일 가치가 있는 또 다른 대상을 제시하는 것, 곧 옛 애정[1]을 단순히 포기할 것만 종용하는 것이 아니

---

1. 본서 번역시 affection이라는 단어를 애정으로 번역하고, love라는 단어는 사랑으로 번역하였음.

라 그것을 새로운 애정과 맞바꾸게 만드는 것이다.

나의 목적은 우리의 타고난 본성상 앞의 방법은 전혀 무력하고 아무런 효과가 없으며, 오직 뒤의 방법만이 마음을 지배하는 그릇된 애정으로부터 마음을 구해낼 수 있다는 것을 보여주는 것이다. 아울러 이 목적을 달성하고 난 후에는 몇 가지 실천적인 의견을 제시할 생각이다.

사랑의 상태는 크게 두 가지로 나눌 수 있다. 첫째, 대상이 멀리 있는 상황에서의 사랑은 그것을 갖고 싶은 갈망의 상태로 존재한다. 둘째, 대상을 소유하고 있는 상황에서의 사랑은 그것을 누리는 상태로 존재한다.

욕구의 충동에 이끌리는 사람은 그것을 만족시키기 위한 활동을 추구하려는 강한 욕망을 느낀다. 그때 마음의 기능들은 바쁘게 움직이기 시작한다. 그는 많은 공상들과 산만함을 떨쳐버리고 자기를 매료시키는 하나의 큰 관심사를 집요하게 추구한다. 무기력하게 지냈을지 모르는 몸의 기능들도 나태함을 단호히 떨쳐버리고 활발하게 활동하기 시작한다. 강렬한 의욕이 일어나지 않았다면 지루하고, 무미건조하게 시간을 보냈을 테지만 갑작스레 해야 할 일이 마구 넘쳐난다. 그런 노력을 기울이는 동안 항상 희망이 샘솟거나 성공이 보장되는 것도 아니고, 다양한 활동의 와중에 때로 좌절하기도 하지만 전인(全人)이 마치 마음에 맞는 놀이를 하는 것처럼 가장 유쾌한 기분과 상태를 유지한다.

　　그런 움직임을 유발한 원리를 형성하는 욕구를 제거하면, 전인의 기능은 멈출 수밖에 없다. 그것을 대체할 또 다른 욕구의 충동이 느껴지지 않으면, 인간은 그 모든 행동 성향을 간직한 채로 가장 고통스럽고, 부자연스러운 유기 상태 속에 남게 될 것이다. 감성적인 존재(sensitive being)는 휴식을 통해 철저하게 피로를 풀거나 고통에서 온전히 벗어난 후에도 자신의 욕구를 자극해줄 만한 것이 없어 기능만을 보유하고 있는 상태가 되면, 즉 욕망의 대상을 찾지 못한 채 욕구만을 느끼거나 남아도는 힘을 사용할 대상을 찾지 못하거나 그것을 쏟아부을 자극적인 요인을 발견하지 못하면 안절부절못하며 괴로워한다.

사업가나 법률가로 일하다가 은퇴하거나 심지어는 사냥이나 도박과 같은 일에서 은퇴한 사람은 그런 상태가 얼마나 비참한지를 종종 의식하곤 한다. 우리의 본성은 추구할 대상을 요구하기 때문에 전에 아무리 많은 대상을 추구했더라도 그런 욕구는 절대로 사라지지 않는다. 가장 장사가 잘 되는 상인이나 가장 승리를 많이 거둔 장군이나 가장 운이 좋은 도박꾼도 자기 일이 끝나고 나면 아무리 많은 것을 이루었더라도 마치 마음에 맞는 즐거운 일이 아무것도 없는 것처럼 지루해한다.

인간에게는 무언가를 하고 싶어 하는 본성적 욕구가 있다. 그것을 무시한 채, 또 다른 일을 제공하지 않고서 무작정 그가 몰두하는 한 가지 일의 원리나 원천을 없애려고 시도해봤자 아무런 소용이 없다. 인간의 마음의 성향은 그런 시도에 크게 반발한다. 달리 할 일이 없어 저녁마다 주사위 놀이를 하면서 시간을 보내는 여성도 그 어떤 사람 못지않게 돈을 좀 따는 것이나 게임에서의 영광의 승리가 별 볼 일 없는 것이라는 사실을 잘 알고 있다. 그러나 그런 것들의 무익함을 보여주는 것만으로는 그녀가 좋아하고, 즐거워하는 일을 포기하게 만들 수 없다. 그런 습관이 제거된다 해도 그 뒤에 아무런 기쁨이 없는 부정적인 공백 상태가 남을 수밖에 없다. 물론, 그런 습관은 그녀가 새로운 애정의 힘에 이끌려 추구하는 또 다른 습관으로 대체될 수 있다. 예를 들어, 주사위 놀이의 즐거움을 위해 할 당했던 시간을 다가올 모임을 준비하는 일에 사용해야 할 상황이 닥치면 그녀는 기꺼이 그 놀이를 중단할 수 있다. 대체하는 애정의 우세한 힘은 처음에 애착을 기울였던 일의 어리석음과 무가치함에 대한 설득력 있는 설명으로는 얻어낼 수 없었던 효과를 낸다.

이런 이치는 좀 더 큰 문제에도 그대로 적용된다. 어떤 일의 무익함을 적나라하게 설명하는 것만으로는 어떤 사람이 주도적인 관심을 기울여 추구하는 일을 포기하게 만들 수 없다. 또 다른 욕구를 자극하는 것 외에 다른 방법을 통해 그런 일 가운데 하나를 중단하게 만들 수 있다고 생각하는 것은 순전한 착각에 지나지 않는다. 원하는 대상에 열중하면서 그것을 추구하느라 바쁜 세상적인 인간을 멈추게 하려면, 그가 그런 대상에게 부여하는 매력

의 무가치함을 강조하는 데 그쳐서는 안 되고, 그
가 그것을 추구하면서 느끼는 쾌락을 제거할 방도
를 강구해야 한다. 따라서 설득력 있는 도덕적 호
소로 그 대상의 허무함을 드러내 그 매력을 없애는
것만으로는 충분하지 않다. 그의 마음의 눈앞에 첫
번째 대상의 영향력을 일소할 정도로 강력한 매력
을 지닌 또 다른 대상을 제시함으로써 이전처럼 마
음을 쏟을 대상을 마련해 주어야 한다.

　도덕적이고, 감동적인 어조로 세상의 무가치함
을 역설하는 것만으로는 역부족이다. 고문이 잠깐
만 지속된다는 이유로 기꺼이 고문을 당할 사람은
없을 것이다. 마찬가지로 대상이 하찮다는 이유로,
또는 추구하는 일이 무의미한 일시적 이익만을 가
져다줄 뿐이라는 이유로 그것 없이 지내는 불행을
받아들일 사람은 아무도 없다. 욕구가 없고, 마음
을 쏟을 대상이 없는 상태는 불쾌한 상태이기 때

문에, 현재의 욕망과 그것을 추구하는 노력을 단지 없애는 것만으로는 그것을 제거할 수 없을 것이다. 즉, 그것을 대체할 수 있는 다른 욕구나 다른 추구할 일을 제시해야 한다. 마음을 어떤 대상에서 떼어놓을 수 있는 가장 효과적인 방법은 마음을 어떤 황량하고, 적막한 공백 상태 속으로 몰아넣는 것이 아니라 훨씬 더 매력 있는 다른 대상을 제시해 관심을 끄는 것이다.

이런 방법은 아직 소유하지 못한 대상을 갈망하는 사랑만이 아니라 이미 소유한 대상을 누리고 있는 사랑에도 똑같이 적용된다. 인간의 욕구가 자연적인 소멸의 과정을 통해 사라지는 법은 거의 없다. 이성적 추론의 힘으로 그런 일이 일어나는 경우도 극히 드물다. 그런 일은 과도한 만족을 통해 일어날 수는 있지만, 정신적인 결단력으로는 결코 이루어질 수 없다. 하지만 파괴할 수는 없지만 쫓아낼 수는 있다. 하나의 욕구를 다른 욕구로 대체하면 마음을 지배하는 애정의 힘을 완전히 소멸시킬 수 있다.

사내아이가 마침내 식욕의 노예가 된 상태에서 벗어나게 되는 이유는 남자다운 욕구가 그것보다 크기 때문이고, 젊은이가 쾌락을 우상시하는 것을 중단하는 이유는 재물의 우상이 더 강력해져 우세를 점하기 때문이다. 번영을 누리는 많은 사람이 돈을 사랑하는 마음에 지배되다가 정치의 소용돌이 속으로 끌려 들어가면 또 다른 애정이 그의 도덕 체계에 영향을 주어 돈을 사랑하는 마음에서 벗어나게 된다. 그런 사람들은 그 후부터는 권력을 사랑하는 마음에 지배된다.

II.

추구할 대상이 없는 상태로 남겨진 마음에는 그런 변화가 일어나지 않는다. 한 가지 특정한 대상을 향한 욕구는 잠재울 수 있겠지만, 다른 대상을 바라는 욕구마저 잠재울 수는 없다. 마음은 자신의 관심을 사로잡는 것에 애착을 기울이기 마련이고, 그런 애착은 단순히 떼어 내는 것만으로는 극복될 수 없다. 관심을 훨씬 더 강하게 자극해 애착을 기울이게 할 또 다른 대상이 제공되어야 한다.

인간의 본성은 붙잡으려는 경향이 있기 때문에 무엇인가 잡아야 할 것이 있어야 한다. 마음이 붙잡고 있는 것을 다른 것으로 대체하지 않고 제거해 버리기만 하면 빈 공백이 남아 마음은 고통을 느끼고, 본성은 허기를 느끼게 된다. 어떤 하나의 대상을 향한 마음을 없앨 수는 있지만, 모든 대상이 사라진 황량한 상태로 남을 수는 없다. 살아 숨 쉬는 민감한 마음이 주위에 있는 것들로부터 단절되어 생기 없이 버려진 상태에 놓이면, 스스로가 지닌 의식의 중압감만을 느끼게 된다. 마음은 그런 상태를 견딜 수 없어 한다. 그런 마음의 소유자는 즐겁고 재미난 세상의 한복판에 있든, 다른 피조 세계로부터 멀리 떨어져 있든, 어둡고 고적한 곳에 홀로 있든, 아무런 차이가 없다. 마음은 붙잡을 대상을 필요로 한다. 마음은 자신의 관심을 끌거나 사로잡을 대상이 하나도 남아 있지 않은 상태를 결코 원하지 않는다.

즐거움을 주는 것들에 대한 흥미를 모두 잃은 마음이 얼마나 비참한지는 도락에 신물이 난 사람, 곧 각종 쾌락의 짜릿함에 시달릴 대로 시달리다가 마침내 신물이 나고 지쳐버린 사람을 보면 분명하게 알 수 있다. 권태라는 질병은 사업이나 정치 등의 일들로 마음의 갈망이 좀 더 다양하게 나타나는 런던의 대도시보다는 상류층이 좀 더 독점적으로 오락을 즐기는 프랑스의 대도시에서 더 흔하게 나타난다. 유행을 좇다가 마침내 과부하가 걸려 폐인이 된 사람들이 있다. 그런 사람들은 쾌락을 너무 많이 누리다가 결국에는 더 이상 즐거움을 느끼지 못하는 상태, 곧 예술과 자연을 지나치게 탐닉하며 만족을 누린 까닭에 결국에는 주위에 있는 것들을 무미건조한 눈으로 바라보는 상태가 된다. 그들은 감각적인 즐거움과 화려함을 신물이 날 정도로 즐긴 까닭에 더 큰 즐거움을 느낄 수 없게 되어 과거의 솔로몬처럼 모든 것이 헛되고 괴롭게만 느껴진다.

마음이 사막과 같은 상태로 변한 사람은 하나의 애정이 사라진 후 그것을 대체할 또 다른 애정이 생겨나지 않는 한, 견딜 수 없는 권태에 빠져들 수

밖에 없다. 사람이 꼭 어떤 것으로부터 고통을 받거나 모든 것을 혐오스러운 눈으로 바라보아야만 비참해지는 것은 아니다. 지성과 감정의 기능이 손상되어 정상적인 기능을 잃은 마음을 소유하는 것도 수용소에 갇혀 있는 것과 다름없다. 미친 듯 큰소리로 울부짖는 감방에서만 극심한 정신적 고통을 느끼는 사람들을 발견할 수 있는 것은 아니다. 자연과 사회라는 방대한 영역의 어느 곳에서도 자신의 관심을 끌 만한 것을 발견하지 못하는 사람, 곧 하늘과 땅 그 어디에서도 마음과 노력을 기울여 추구할 만한 매력적인 대상을 발견하지 못하는 사람은 그의 어떤 동료보다 더 비참하다. 그런 사람의 눈에 비친 세상은 광활하고 공허한 사막과 같을 뿐이다. 그가 관심을 기울일 것이라곤 오직 자신의 의식밖에 없기 때문에, 자기 밖에 있는 모든 것에 대해 죽었고, 오직 자신의 무기력하고 무익한 존재의 무게에 대해서만 살아 있을 뿐이다.

아마도 이제 이 정도 말했으니 마음이 그토록 악착같이 붙잡고 놓지 않으려는 대상, 곧 지금 애착을 기울이는 대상을 마음에서 몰아내려면 반드시 대체품이 있어야 하는 이유를 익히 짐작할 수 있을 것이다. 마음은 황량한 상태에 머물기를 절대로 원하지 않는다. 강한 자가 자리를 차지하고 있을 때 그를 완전히 끌어내려 그의 자리를 온전히 차지하려면 그보다 더 강한 힘을 지닌 사람이 와야 한다. 마음은 비어 있는 상태를 극도로 싫어한다. 마음은 황량하고, 활력이 없고, 무미건조한 상태에 처하는 것을 못 견딘다. 마음에 있는 것을 제거하는 작업을 시도하는 도덕가는 매 순간 좌절할 수밖에 없다.

모두들 자연은 진공 상태를 싫어한다는 말을 들어본 적이 있을 것이다. 마음도 그와 똑같은 특성을 띠고 있다. 마음속에 있는 방은 그 안에 있는 것을 다른 것으로 바꿀 수는 있어도 빈 채로 놔둘 수는 없다. 만일 그렇게 되면 마음은 가장 견디기 어려운 고통을 느끼게 마련이다. 기존의 애정의 어리석음을 증명해도 소용없다. 설득력 있는 말이나 감동적인 말도 소용없다. 심지어는 지나친 탐닉이 화를 불러올 것이라는 경고의 말조차도 소용없다. 마음은 그 모든 것을 단호히 거부하며 마침내 완전히 기진맥진한 상태가 될 때까지 자신의 모든 욕구를 남김없이 발현하려고 애쓴다. 따라서 마음에서 한 가지 애정을 제거하고 나서 관심을 기울일 다른 대상을 제시하지 않는 것은 무익한 방법에 지나지 않는다. 그것은 마치 제거라는 강력한 한 가지 수단만으로 마음에 영향을 미쳐 그것을 지배할 수 있는 또 다른 애정을 부여하려는 시도처럼 보인다.

사도가 요한일서 2장 15절에서 말한 말씀보다

본성의 애정들을 더 강력하게 금지하는 명령은 어디에서도 찾아볼 수 없다. 중생의 원리가 지닌 위대하고, 우월한 영향력을 아직 경험하지 못한 사람에게 세상에 있는 모든 것을 사랑하지 말라고 명령하는 것은 그의 마음속에 있는 모든 애정을 포기하라고 명령하는 것과 같다. 거듭나지 못한 자연인에게는 세상이 그의 전부다. 그에게는 세상의 가시적인 범위 안에 있는 것을 향하지 않는 욕구나 소욕은 존재하지 않는다. 그는 세상을 초월하는 것은 아무것도 사랑하지 않으며, 그것에 아무런 관심이 없다. 따라서 그에게 세상을 사랑하지 말라고 명령하는 것은 그의 가슴 속에 간직되어 있는 모든 것을 쫓아내라고 명령하는 것과 같다. 세상에 있는 것들 가운데 단 한 가지에 불과한 재물을 사랑하는 마음을 버리도록 설득하는 일만 해도 누군가를 종용해 그가 가진 재산을 모두 불태우게 만드는 것만

큼이나 힘들다. 그런 순종을 끌어내기가 얼마나 어려운 일인가. 만일 재산을 불태워야만 목숨을 건질수 있다는 것을 알면, 큰 슬픔과 고통을 느끼며 마지못해 그렇게 할 수도 있을 것이다. 그러나 옛 재산이 사라진 자리에 즉시 그보다 열 배나 더 큰 가치를 지닌 새로운 재산이 주어질 것을 알면, 조금도 주저하지 않고 재산을 버릴 수 있을 것이다.

그런 경우에는 단순히 한 가지 애정을 없애는 것 이상의 무엇인가가 존재한다. 그것은 한 가지 애정을 또 다른 애정으로 진압하는 것이다. 그러나 사랑할 수 있는 다른 것을 대안으로 제시하지 않고 세상에 있는 것들을 사랑하는 마음을 모두 버리게 하려는 시도는, 세상에 있는 것들을 모조리 파괴하고 나서 그 자리를 메울 것을 아무것도 내주지 않는 것과 같은 부자연스러운 폭압에 해당할 것이다. 따라서 세상을 사랑하지 않는 것이 기독교 신앙에 반드시 필요하다면, 옛 것은 지나가고 모든 것이 새로워지는 이러한 엄청난 변화를 '옛사람의 십자 가에 못 박힘' 같은 극단적인 언어로 표현해도 조 금도 과하지 않을 듯하다.

III.

지금쯤이면 단지 세상의 무가치함을 보여주는 것 만으로는 아무 소용이 없다는 것을 확실하게 이해 했을 것이다. 그런 방법이 지니는 실제적인 효과 는 단 하나, 곧 마음을 지지불가능한 상태로 만드 는 것, 곧 벌거벗은 순수 부정(否定)의 상태로 만드 는 것이다. 우리의 마음은 종종 늘 좋아하던 대로 고집스럽게 과거에 추구하던 것들로 되돌아가려 고 할 때가 많다. 그런 것들이 지극히 하찮다는 것을 알고서 한숨과 눈물을 흘린 때가 바로 어제였는데도 그렇다. 안식일에는 짧은 인생의 날수가 선명하게 떠오르고, 설교자가 상상력을 동원해 죽음의 참상을 묘사하면서 속된 것을 추구하는 것을 꾸짖고, 비웃으며 우리의 눈앞에 덧없이 사라져간 수많은 세대와 그들을 삼킨 무덤들을 생생하게 그려 보이면서 세상의 모든 즐거움과 관심사들이 신속하고 확실하게 잊혀 간다고 말하면, 그의 논증에 마음이 감동되고 진지하게 되어 잠깐이라도 그토록 허무한 것들로부터 벗어나 곧바로 실질적이고 영구적인 해방을 맞이하기라도 할 것 같은 느낌을 받는다.

그러나 다음날이 되어 세상의 일들과 대상들과 세력들과 마주치게 되면, 마음은 무엇인가 붙잡거나 집착할 것이 있어야 하기 때문에 이전과 똑같이 작동하려는 일종의 도덕적 필연성 아래 놓이게 된다. 마음은 즐거움과 욕구가 제거된 상태를 매우 불쾌하게 여겨 배척하기 때문에 평소 습관이 된 것들에 끌리며 시급히 그것들에게 돌아가야 할 것 같은 강박을 느낀다. 전인(全人)의 습관과 이력 안에서 우리는 새로운 피조물의 징후를 단 한 가지도 감지할 수 없다. 이때 교회는 순종을 가르치는 학교가 아닌 일시적인 공연 감정의 사치를 즐기는 장소에 지나지 않는다. 많은 사람의 출석을 끌어낼 수 있고, 청중을 조용하고 진지하게 만들어 슬픈 감수성을 자극하고, 다채롭고 활기찬 재담으로 상상력을 한껏 부추기는 강력한 설교조차도 마음의 요새를 무너뜨릴 만큼 강력하지는 못하다.

세상을 사랑하는 마음은 단지 세상의 무가치함을 보여주는 것만으로는 제거되지 않는다. 그러나 더 가치 있는 것에 대한 사랑으로 그것을 대체할 수는 있지 않을까? 단순히 포기함으로써 세상과

결별하도록 마음을 설득할 수는 없다. 그러나 마음을 매료시켜 다른 것을 좋아하게 만든다면, 세상에 대한 사랑을 정복해 습관으로 굳어진 그 지배를 깨뜨릴 수 있지 않을까? 만일 마음속에 있는 보좌에 무엇인가가 앉아 있고, 지금 마음을 다스리는 독재자가 그곳을 부당하게 차지하고 있더라도, 마음은 황량한 상태로 전락하기를 원하지 않기 때문에 위안을 주는 대상을 떠나려고 하지 않을 것이 분명하다. 그러나 합법적인 주권자가 모든 매력을 갖춘 채로 인간의 도덕적 본성을 정복하고 다스리는 위대한 능력을 지니고서 나타난다면, 마음은 기꺼이 그 주권자에게 자리를 내주지 않겠는가?

간단히 말해, 하나의 크고 우세한 대상을 사랑하는 마음을 없애는 방법이 또 다른 대상을 사랑하는 마음을 갖게 하는 것이라면, 단지 전자의 무가치함을 드러내는 것에 그치지 말고 마음의 눈앞에 후자의 가치와 탁월함을 보여주어야 한다. 그래야만 옛것은 모두 사라지고 모든 것이 새로워진다. 현재의 모든 애정을 없애기 위해 단지 그것을 제거하고 나서 그 자리를 비워두는 것은 새 성향을 제시하지 않고 옛 성향만 없애는 것이다. 그러나 기존의 애착 대상이 없어진 자리를 다른 대상이 차지하고, 과거의 애착 대상이 새로운 대상에 지배권을 내어주고, 마음이 아무것도 붙잡을 것이 없는 상태에서 새로운 대상이 자리를 메워 이전처럼 욕구와 관심과 기대를 활성화시키면, 인간 본성의 법칙들 가운데 어느 하나도 전복되지 않을 것이다. 그렇게 되면 마음의 작동 방식과 온전한 조화가 이루어져 커다란 도덕적 혁신이 일어날 것이다.

이런 이치는 복음이 효과적으로 전파될 때 그런 매혹적인 역사가 일어나게 되는 이유를 잘 설명해준다. 하나님에 대한 사랑과 세상에 대한 사랑은 단지 경쟁 관계가 아닌 반목 관계에 있는 두 가지 애정이다. 이 두 애정은 서로 화해할 수 없기 때문에 같은 마음속에 함께 거할 수 없다. 이미 살펴본 대로, 마음은 그 자체의 본성적인 힘으로는 자기 안에 있는 세상 사랑을 쫓아낼 수 없다. 마음은 황량한 상태에 있을 수 없기 때문이다. 따라서 옛 애정을 없앨 수 있는 유일한 길은 오직 새로운 애정의 몰아내는 힘뿐이다. 사람의 인격 안에서 요구되는 변화의 크기나 정도는 엄청나게 포괄적이고 광범위하다. 이 세상이나 그 안에 있는 것들을 사랑하지 말라는 신약성경의 명령은 인간이 좋아하는 모든 것을 포괄하기 때문에 자아를 말살하라는 명령이나 똑같다.

그러나 성경은 그렇게 강력한 순종을 명령하는 데 그치지 않고, 그와 동시에 그런 순종을 가능하게 하는 강력한 수단을 제시한다. 성경은 마음의 문 앞에 한때 그곳의 보좌 위에 앉아 있던 애정을 제시하면서 받아들이라고 요구한다. 이 애정은 마음속에 있던 것들을 정복하거나 쫓아낼 것이다. 성경은 마음의 눈앞에 세상 대신에 세상을 창조하신 분을 제시하고, 세상의 본래적 특성을 있는 그대로 보여준다. 복음 안에서 하나님을 봐야만 그분을 사랑할 수 있다. 하나님은 오직 복음 안에서만 죄인에게 신뢰의 대상으로 자신을 드러내신다. 복음 안에서 하나님을 향한 우리의 갈망은 인간의 죄책이라는 장벽에 의해 결코 차갑게 식지 않는다. 복음 안에는 지정된 중보자가 제시되기 때문이다. 복음은 더 나은 희망을 가져다주고, 우리는 그것을 통해 하나님께 가까이 나아간다. 희망 없이 사는 것은 하나님 없이 사는 것이다. 마음속에 하나님이 없으면, 세상이 마음을 온통 지배할 것이다.

오직 신자가 그리스도 안에서 알고 섬기는 하나

님만이 죄의 지배권을 박탈하실 수 있다. 율법 수여자이신 하나님을 거역한 데서 비롯하는 그분에 대한 두려움에서 벗어나 그분의 선물인 믿음을 통해 예수 그리스도의 얼굴에서 그분의 영광을 보고, 모두 돌이켜 온전한 용서와 은혜로운 영접을 받으라고 권고하시는 그분의 자비로운 음성을 들어야만, 비로소 거듭난 사람의 심령 속에서 세상에 대한 사랑을 능가하는 사랑이 생겨나고, 그 사랑은 세상에 대한 사랑을 몰아내는 효과를 발휘하기 시작한다. 사랑과 함께 거할 수 없는 종의 영에서 놓여나 예수 그리스도 안에 있는 믿음을 통해 하나님의 자녀로 인정되면, 우리에게 양자의 영이 임한다. 그렇게 되면 마음이 크고 우세한 애정의 지배를 받아 이전의 지배적인 애정에서 놓여난다. 이것이 구원을 얻는 유일한 길이다. 죄인이 하나님 앞에서 의롭다 하심을 받으려면 반드시 하늘로부터 우리에게 계시된 믿음이 필요하다. 믿음은 모든 도덕적, 영적 성취 가운데 가장 위대한 성취를 이루는 수단이기도 하다.

따라서 가장 효과적인 설교를 전하는 방법이 무엇인지를 알아야 한다. 세상의 불완전함을 보여주거나 속된 즐거움의 허무한 속성을 감동적으로 설명하는 것만으로는 충분하지 않다. 또한, 자신의 경험을 바탕으로, 마음의 거짓됨과 마음이 관심을 기울이는 모든 것의 허무함을 떠올리며 양심을 질타하는 것도 충분하지 않기는 마찬가지다. 복음을 전하는 사람들 가운데는 신중한 분별력을 충분히 갖추지 못했거나 특성을 묘사하는 능력이 충분하지 못하거나 도덕적인 묘사력이 충분히 뛰어나지 못한 까닭에 인간 사회의 어리석은 측면들을 충실하고, 생생하게 제시하지 못하는 사람들이 적지 않다. 그러나 비록 인간 사회의 부패상을 상세하고,

분명하게 묘사하는 능력이 없더라도 얼마든지 그 부패의 원리를 근절하는 도구 역할을 할 수 있다. 복음 전도자는 세상의 속성을 생생하게 묘사할 능력이 없더라도 복음의 증언을 충실하게 전할 수 있다. 소설가 같은 창의력을 사용하여 많은 감정들의 무가치함을 인상적인 표현으로 생생하게 그려내 마음을 해부하고 파헤치는 기술은 없더라도 계시를 통해 자기에게 주어진 내용은 정확하게 전달할 수 있다. 복음 전도자는 가장 훌륭한 소설가들이 제멋대로 비웃고 조롱하는 특별한 교리의 비밀을 다룰 수 있다.

복음 전도자는 날카롭고, 풍자적인 관찰의 눈으로 세속적인 욕구들을 파헤쳐 청중들에게 인식시킬 수는 없더라도 자기에게 위탁된 복음의 소식으로 그것들을 제거할 수 있는 유일한 무기를 휘두를 수 있다. 복음 전도자는 다른 사람들처럼 마치 마법의 손을 가진 듯 인간 본성의 가장 은밀한 곳에 숨어 있는 욕망과 결함들을 선명하게 드러낼 수는 없더라도 진리를 소유하고 있다. 그 진리는 어떤 마음 안에 들어가더라도 아론의 지팡이처럼 모든 것들을 집어삼킬 것이다. 복음 전도자는 옛사람의 다양한 본성적 속성을 멋들어지게 파헤쳐 묘사하지는 못하더라도 옛사람의 주도적인 성향과 욕구를 깨부수어 우리 주 예수 그리스도 안에서 새로운 피조물로 거듭나게 할 수 있는 우월한 힘을 부여받았다.

강력하고, 건설적으로 작용하는 이 유일한 수단을 부지런히 활용해 우리 안에서 세상에 대한 사랑을 제거하자. 세상보다 큰 분을 사랑하기 위해 우리의 마음에 접근할 수 있는 합법적인 수단들을 모두 활용하자. 이 목적을 위해 하나님의 얼굴을 가리고, 흐릿하게 만드는 불신앙의 가리개를 걷어내

자. 하나님이 우리의 애정을 주장하시게 하자. 감사의 형태로든 공경심의 형태로든 하나님의 놀라운 경륜의 목적이 타락한 세상을 되찾는 것이라는 점을 분명하게 확증하자. 사랑의 하나님은 자신을 사랑스러운 모습으로 나타내 보이시기 때문에 우리에게 믿음과 이해력만 있다면 마음의 사랑을 다시 불러일으킬 수 있다.

여기에서 세상 사람들의 회의적인 생각을 잠시 언급할 필요가 있다. 그들은 자신의 건전한 세속적인 경험을 기독교의 고귀한 교리와 비교하면서 중생을 불가능한 일로 간주한다. 그들은 현재의 상황을 객관적으로 볼 때 자신의 마음이 강퍅하다고 느끼지만, 지성적인 눈으로 인간의 삶을 두루 관찰해 본 결과 다른 사람들도 자기와 똑같이 강퍅하다는 것을 발견하고는 옛사람을 십자가에 못 박고 새사람으로 새롭게 태어나야 한다는 가르침이 인간의 참된 본성에 관해 알려진 사실과 정반대된다고 단정한다. 그런 사람들은 자신의 소박한 판단력을 부지런히 활용해 한 주간 동안 자기 앞에서 전개되는 일들과 일상에서 이루어지는 일들을 유심히 살펴보고 나서, 새로운 애정으로 되살아나 하나님을 갈망하는 갈망의 감정이 점점 더 크게 자라나는 것을 한갓 안식일의 헛된 사변에 지나지 않는 것으로 치부한다. 그들은 세속적인 관심사에 모든 정신을 집중한 채 냉정한 태도로 생이 끝날 때까지 속된 감정과 욕구를 발산하며 속된 것을 추구한다.

죽음이나 그 이후의 상태에 관한 생각이 그들의 머릿속에 우연히 떠오른다 해도 그들은 거듭나는 것과 같은 획기적인 변화가 있어야만 죽음에 대비할 수 있다는 생각을 조금도 하지 않는다. 그들은 용인할 수 있을 정도의 적절한 수준으로 상대적인 의무들을 이행하는 것만으로 충분히 책임을 다했다는 모호한 개념을 지니고 있다. 하나님을 사랑하는 마음이 전혀 없는 사람들은 사회와 가정에서의 도덕적 책임을 다하기만 하면 하나님과 아무런 관계를 맺지 않고 살았던 이 세상을 떠나게 되었을 때 그분과 즉각적인 관계를 맺고 영원토록 함께 살아갈 수 있는 세상에 안전하게 안착할 수 있을 것으로 믿는다. 그들은 세상을 떠나 안식해야 할 때가 되면 세월이 덧없고 무상하다는 것을 기꺼이 인정한다. 그러나 그들은 마음의 성향을 바꾸면 그 순간부터 이 세상의 일들 가운데서는 더는 아무런 안식과 위로도 찾지 못할 것으로 생각하고, 어떠한 마음의 변화도 모조리 거부한다.

사실, 그들은 그런 시도를 공허한 것으로 간주한다. 그들은 일상의 익숙한 경험들을 통해 알게 된 세속적인 지혜에 근거해, 위의 것에 마음을 두고, 믿음으로 행하고, 마음을 지키고, 하나님의 사랑으로 세상 사랑을 몰아내고, 육체를 신뢰하지 않고, 세상의 것들을 포기하고 천국 시민으로 살아야 한다는 성경의 가르침을 비현실적인 것으로 받아들인다.

IV.

이번에는 영적인 기독교를 혐오하며 그것을 실현 불가능한 것으로 간주하는 사람들을 잠시 살펴보는 것이 필요할 듯하다. 기독교의 요구에 대한 그들의 불신과 기독교의 교리에 대한 그들의 불신은 서로 긴밀하게 맞물려 있다. 그들은 신약성경의 말씀을 관심을 기울일 가치가 없는 것으로 생각하며, 자신들의 능력으로는 신약성경의 명령을 이행하는 것이 불가능하다고 느낀다. 그들은 물론,

다른 누구도 새로운 애정의 몰아내는 힘이 없으면 마음속에서 옛 애정을 없앨 수 없다. 만일 그 새로운 애정이 하나님에 대한 사랑이라면, 그들은 물론, 다른 누구도 하나님이 자기를 나타내 죄인의 마음을 자기에게로 이끌지 않으시는 한, 그런 애정을 절대로 품을 수 없다.

그들은 불신앙에 사로잡힌 탓에 마음으로 그런 하나님의 역사를 분별하지 못하고 스스로 차단한다. 그들은 자기 아들을 세상에 보내신 하나님의 사랑을 의식하지 못하고, 자기 아들을 아끼지 않고 우리 모두를 위해 죽음에 내주신 그분의 극진한 사랑의 표현을 깨닫지 못하며, 죄인들이 짊어져야 할 짐을 대신 짊어지신 주님이 감당하신 고난이나 속죄의 충족성을 인지하지 못하며, 하나님이 죄인들의 허물을 무작정 용서한 것이 아니라 속죄의 희생을 통해 용서하셨다는 점에서 거룩함과 자비가

혼합되어 나타났다는 사실을 이해하지 못한다. 인간이 자연적 상태에서 경건한 상태로 바뀌는 과정은 그들이 도무지 알 수 없는 신비다. 그러나 그들이 육신으로 나타나신 하나님을 믿음으로 바라본다면 경건의 모든 신비가 확연하게 드러날 것이다. 그들이 옛 애정을 버릴 수 없는 이유는 새로운 애정을 일으키는 데 영향을 미치는 진리들을 보지 못하기 때문이다. 그들은 애굽에서 짚이 없이 벽돌을 만들어야 했던 이스라엘 백성들과도 같다. 다시 말해, 그들이 하나님을 사랑할 수 없는 이유는 죄인의 마음속에서 이 감정을 불러일으킬 수 있는 유일한 수단이 없기 때문이다. 복음의 요구를 실현 불가능한 것으로 간주해 거부하고, 복음의 교리를 인정할 수 없는 것으로 여겨 거부하는 그들의 오류는 참으로 크다. 신령한 사람이라면 누구나 그들의 오류가 일관성을 지닌다는 것을 쉽게 알 것이다(모든 사람을 판단하는 것은 신령한 사람의 특권이다).

그러나 오류가 일관성을 지닌다면, 그것과 반대
되는 진리 또한 일관성을 지니기는 마찬가지다. 특
정한 교리를 믿는 사람은 기독교의 특정한 요구에
기꺼이 복종할 것이다. 하나님을 무엇보다도 사랑
하라는 명령이 주어지면 다른 사람은 화들짝 놀랄
지 몰라도 하나님이 화해를 통한 평화와 용서와 자
유를 허락하신 사람은 조금도 놀라지 않을 것이 분
명하다. 마음속에서 세상을 제거하라는 명령이 주
어지면 그것을 대체할 것이 없는 사람은 순종하기
가 불가능할 테지만, 하나님 안에서 확실하고 만
족스러운 분깃을 발견한 사람은 전혀 그렇지 않을
것이다. 땅에 있는 것들을 사랑하지 말라는 명령
이 주어지면, 그것들을 대체할 수 있는 또 다른 것
들이 있다는 것을 생각하지 못하는 사람에게는 자
기 소멸을 명령하는 것처럼 들릴 테지만, 눈이 열

려 위에 있는 것들의 사랑스러움과 영광을 보고, 영혼의 애정을 모두 쏟아부을 수 있는 가장 풍부하고, 유쾌한 것을 발견하는 사람에게는 조금도 고통스럽지 않을 것이다. 눈에 보이는 일시적인 것들을 바라보지 말라는 명령이 주어지면, 악한 본성의 벽에 가로막혀 영원한 기쁨을 보지 못하는 사람은 모든 빛을 잃고 아무것도 볼 수 없게 될 것처럼 느낄 테지만, 그리스도께서 그 벽을 무너뜨리셨다고 믿는 사람은 자신의 영혼을 비추는 빛을 인식하고, 눈에 보이지 않는 영원한 것을 바라볼 것이다. 거룩하게 살라는 말이 절망적인 말로 들리는 사람이 그 명령을 어떻게 이행할 수 있겠는가? 십자가의 속죄는 거룩하신 율법 수여자와 율법을 거역한 자를 화해시켜 죄인을 안전하게 보호하고, 죄인의 마음에 성화의 능력이 임하는 길을 열어준다. 그 덕분에 죄인은 하나님의 거룩한 속성과 동질성을 느끼고, 그분께 가까이 다가가서 평화를 누릴 수 있다. 교리와 명령을 분리하면 메마른 정통주의가 초래된다. 그러나 명령과 교리를 모두 취하면, 그리스도의 제자는 자신을 굳세게 하는 후자의 힘을 통해 전자를 이행할 수 있다. 실천의 동기가 적절하게 주어지고, 복음의 교리로 인해 명령을 실천할 힘을 얻는다. 믿음의 방패와 구원의 소망과 하나님의 말씀과 진리의 허리띠는 신자가 입고 있는 전신 갑주다. 싸움에서 승리해 탁월함에 도달하면, 신자는 새로운 고지에 올라서게 된다. 위대한 결과이지만, 원인도 결과만큼 위대하기는 마찬가지다. 기독교의 교훈들에 대한 이런 도덕적 부활을 엄청나게 크지만 기독교의 원리 안에는 그것들이 계속해서 지속될 수 있게 하는 능력의 요소들이 존재한다. 계속해서 복음의 목표는 죄인의 양심을 평화롭게 하고, 그의 마음을 깨끗하게 하는 것이다. 앞의 목표를 훼손하는 것이 뒤의 목표를 훼손한다는 것을 이해하는 것이 중요하다. 불결한 애정을 제거하는 가장 좋은 방법은 순결한 애정을 받아들이는 것이다. 선한 것을 사랑하는 마음으로 악한 것에 대한 사랑을 내쫓아야 한다.

복음이 더 값없이 주어질수록 거룩하게 하는 복음의 능력이 더 강해진다. 은혜의 교리인 복음을 더 많이 받아들일수록 그것이 경건한 삶을 요구하는 교리라는 것을 더 많이 느낄 수 있다. 하나님을 일종의 연금수령자와 같은 분으로 받아들일수록 그분에게 섬김의 대가로 요구하는 봉사료가 더 커진다. '이것을 행하면 살리라'라는 조건에는 두려움의 영이 뒤따를 수밖에 없다. 법적인 거래에 대한 경계심은 하나님과의 관계의 신뢰성을 무너뜨린다. 피조물이 창조주와 대등한 관계를 유지하려는 것은 하나님의 영광이 아닌 자기 자신의 자아를 추구하는 것이다. 그런 경우에는 모든 것을 다 실천했다고 해도 영혼에서 우러나는 진정한 순종이 이루어졌다고 말할 수 없다. 그것은 마음으로 하나님의 율법에 순종하는 것이 아니다. 그런 태도로는 결코 참된 순종에 이를 수 없다. 복음이 가르치는 대로, 구원의 은혜가 아무런 대가 없이 선물로 주어져야만 아무런 동요 없이 하나님 안에서 안전함을 누릴 수 있고, 친구가 친구를 의지하는 것처럼 그분을 의지할 수 있으며, 상호 이해에 근거한 자유롭고 관대한 관계가 이루어질 수 있고, 그분이 우리에게 선을 베푸시는 것을 기쁘고 감사하게 여기는 마음이 일어나 마음속에서 진정한 기쁨을 느끼고 새로운 도덕적 현실의 매력을 깨닫게 된다.

은혜로 말미암는 구원, 값없는 은혜로 말미암는 구원은 행위가 아닌 하나님의 긍휼에서 비롯한다. 이런 구원이 이루어져야만 우리를 공의의 손에서 구해내고, 우리의 마음을 불경건함의 냉랭함과 영향력으로부터 구해낼 수 있다. 복음에 율법적인 것이 단 한 가지라도 포함되면 하나님과 인간 사이에 불신이 싹틀 수밖에 없다. 그렇게 되면 용서와 화해를 가져다주는 복음의 능력이 사라진다. 복음이 값없이 주어질수록 더 좋은 이유가 이것이다. 많은 사람이 율법폐기론의 출발점으로 여겨 두려워하는 것이 사실은 새로운 심령과 성향의 출발점이다. 값없는 복음의 빛과 함께 복음의 사랑이 생겨난다. 복음의 은혜를 훼손하는 만큼 복음을 쫓아내는 결과가 초래된다. 죄인은 스스로 강력한 도덕적 변화를 일으킬 수 없다. 은혜로 구원받았다는 믿음이 있어야만 불경건함을 거부하고, 마음을 기울여 헌신적으로 추구할 것을 찾게 된다. 가장 훌륭한 방법으로 무엇인가를 이루려면 가장 적합한 도구를 사용해야 한다.

지금까지 말한 내용은 큰 도덕적 성취를 이루기를 원하는 사람들이 따를 만한 실천적인 지침이 될 수 있다. 그러나 그들은 자신의 본성의 성향과 욕구가 너무나도 강하다고 느낀다. 우리의 마음속에서 세상에 대한 사랑을 제거할 수 있는 유일한 방법은 하나님에 대한 사랑을 마음에 채우는 것이다. 또한, 마음에 하나님에 대한 사랑을 채우는 유일한 방법은 가장 거룩한 믿음 위에 굳게 서는 것이다. 복음의 증언을 믿지 않는 사람은 세상을 부인하기가 불가능하지만, 믿는 사람에게는 모든 것이 가능하다. 믿음 없이 행하는 것은 올바른 도구나 수단 없이 행하는 것이다. 믿음은 사랑으로 역사한다. 율법에 반하는 속된 사랑을 마음에서 제거하려면 율법을 이루는 거룩한 사랑을 받아들여야 한다.

　어떤 사람이 푸르름이 무성한 세상의 가장자리에 서 있다고 상상해 보자. 그곳을 바라보는 그의 눈에 온 들판은 풍요로움으로 가득하고, 집집마다 땅이 주는 온갖 축복이 차고 넘친다. 그 집들 위로 햇빛이 사랑스럽게 내리비치고, 사람들이 즐겁게 교제하는 소리가 온 동네에 가득하다. 이것이 그의 생각의 한쪽에서 떠오른 한 장면이고, 다른 한쪽에서는 그가 서 있는 행복한 세상 너머에 있는 미지의 세계만이 떠오를 뿐이다. 그가 의도적으로 자기 앞에 펼쳐져 있는 밝고, 아름다운 광경에 작별을 고하고, 두려운 황야를 향해 선뜻 나아갈 것으로 생각하는가? 과연 그가 사람들이 사는 곳을 버리고, 아무 볼 것 없는 장소에서 홀로 방황하기를 원할까? 생명과 즐거움이 넘치는 곳이 바로 옆에서 강력하게 잡아당기고 있는데 그곳을 선뜻 버리고 황량한 광야로 나설 수 있을까? 감각의 장소, 생명의 장소, 공동체의 장소에 굳게 발을 디디고 서서 그곳에 드리운 은빛 차양 아래에서 거할 곳을 찾으려고 할 뿐, 그 너머에 있는 황량한 장소는 피하려고 할 것이 당연하지 않겠는가? 그러나 만일 그의 머릿속에서 축복받은 자들이 사는 행복한 섬이 둥둥 떠다니며 그의 감각에 더 찬란한 영광의 빛을 비추고, 더 유쾌한 가락을 울린다면, 곧 모든 들판에 더 순수한 아름다움이 있고, 모든 가정에 좀 더 진정한 즐거움이 넘쳐나고, 모든 사람의 가슴 속에 도덕적 기쁨을 가져다주는 평화와 경건함과 관대함이 있고, 공동체 전체가 하나로 어우러져 즐거운 교향악을 울리고, 모든 생명을 보살피는 자애로운 아버지가 계시고, 고통과 죽음이 없고, 의사소통의 길이 활짝 열려 있고, 환영의 표지판이 걸려 있다면, 그 땅이 초청의 땅이 되고, 지금의 세상이 광야처럼 느껴지지 않겠는가?

복된 광경들이 가득하고, 복된 사귐이 있는 곳은 광야가 할 수 없는 일을 할 수 있다. 마음속에 존재하는 기존의 성향은 우리 주변에 있는 보이는 것들을 추구하지만, 인간의 눈앞에 믿음이나 감각을 통해 또 다른 세상이 드러난다면, 도덕적 본성을 억누르는 일 없이 현 세상에 대해서는 죽고, 저 멀리에 있는 더 사랑스러운 세상에 대해서는 살 수 있을 것이다.